All That I Can Be

From A to Z

Coloring & Activity Book
for Young Scholars

CULTURED READS

PUBLISHING, LLC. EST. 2020

CR

"The future belongs to those who believe in the beauty of their dreams."

ELEANOR ROOSEVELT

This coloring & activity book

belongs to

_____

Aa

Astronaut

The Letter...

A a ___ ___ ___

A a ___ ___ ___

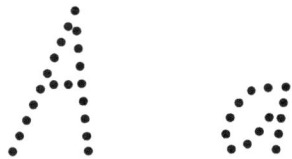

Draw three (3) things that start with A

Color all the letters A, a.

T A s a

a X F P

Bb

Beekeeper

The Letter...

B b _ _

B b _ _

Draw three (3) things that start with B

Color all the letters B, b.

(B) (z) (d) (S)

(a) (B) (b) (8)

Cc

Chef

The Letter...

C c   __ __

C c   __ __

Draw three (3) things that start with C

Color all the letters C, c.

(B) (D) (Z) (S)

(c) (f) (C) (O)

Dd

Dentist

The Letter...

D d _ _

Draw three (3) things that start with D

Color all the letters D, d.

(L) (D) (E) (P)

(K) (d) (R) (W)

Ee

Engineer

The Letter...

E e

＿＿ ＿＿

E e

＿＿ ＿＿

Draw three (3) things that start with E

Color all the letters E, e

e   R   S   t

F   E   x   i

Ff

Farmer

The Letter...

F f

F f _ _ _

F f

_ _ _

Draw three (3) things that start with F

Color all the letters F, f

(G) (r) (h) (l)

(f) (F) (z) (E)

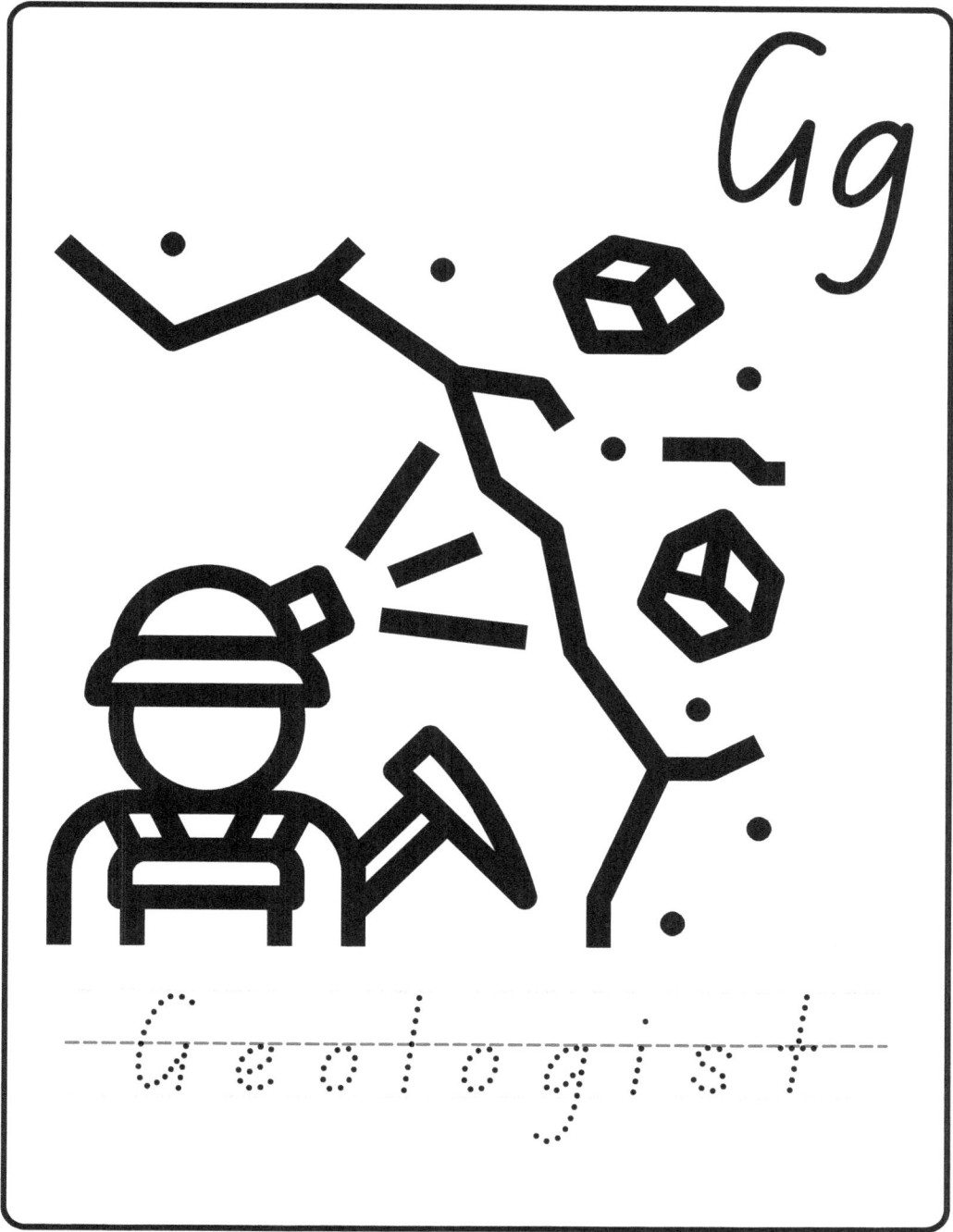

Gg

Geologist

The Letter...

G g

G g

___ ___ ___

___ ___ ___

Draw three (3) things that start with G

Color all the letters G, g

(G) (R) (K) (g)

(r) (X) (E) (G)

Hh

Hairstylist

The Letter...

H h

H h (dotted tracing)

_ _ _

_ _ _

Draw three (3) things that start with H

Color all the letters H, h

h   H   K   h

n   M   E   G

Ii

Illustrator

The Letter...

l   i

Draw three (3) things that start with l

Color all the letters l, i

J   L   j   w

l   i   C   d

Jj

Judge

The Letter...

J j _ _ _

J   j   _ _

Draw three (3) things that start with J

Color all the letters J, j

(J)   (G)   (l)   (r)

(h)   (j)   (v)   (L)

Kk

Karate Instructor

The Letter...

K k

K k ___ ___ ___

Draw three (3) things that start with K

Color all the letters K, k

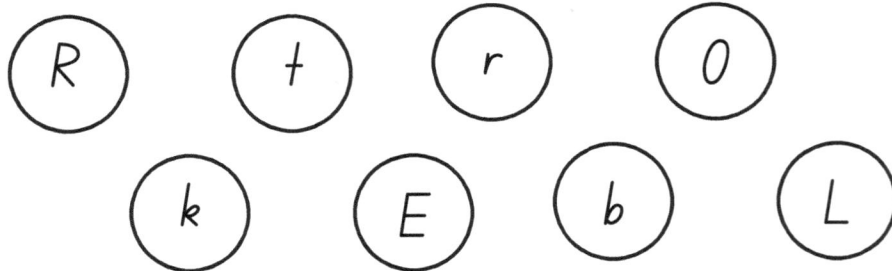

R   t   r   0

k   E   b   L

Ll

Lifeguard

The Letter...

L l

L l _ _ _

Draw three (3) things that start with L

Color all the letters L, l

(L) (i) (D) (l)

(V) (F) (b) (A)

Mm

Musician

The Letter...

M m ___ ___ ___

M m ___ ___ ___

Draw three (3) things that start with M

Color all the letters M, m

(n)   (N)   (m)   (u)

(m)   (M)   (y)   (Q)

Nn

Newscaster

The Letter...

N n ___ ___ ___

N n ___ ___ ___

Draw three (3) things that start with N

Color all the letters N, n.

(T)   (M)   (N)   (a)

(n)   (C)   (F)   (P)

Oo

Optometrist

The Letter...

O   o

_ _ _ _ _ _

O   o

Draw three (3) things that start with O

Color all the letters O, o

(h)   (H)   (K)   (o)

(O)   (8)   (E)   (G)

Pp

Pilot

The Letter...

P p

P p _ _

_ _

Draw three (3) things that start with P

Color all the letters P, p

D   P   j   w

d   i   C   p

Qq

Quilter

The Letter...

Q q _ _ _

Q q _ _ _

Draw three (3) things that start with Q

Color all the letters Q, q

Q G l p

h j q L

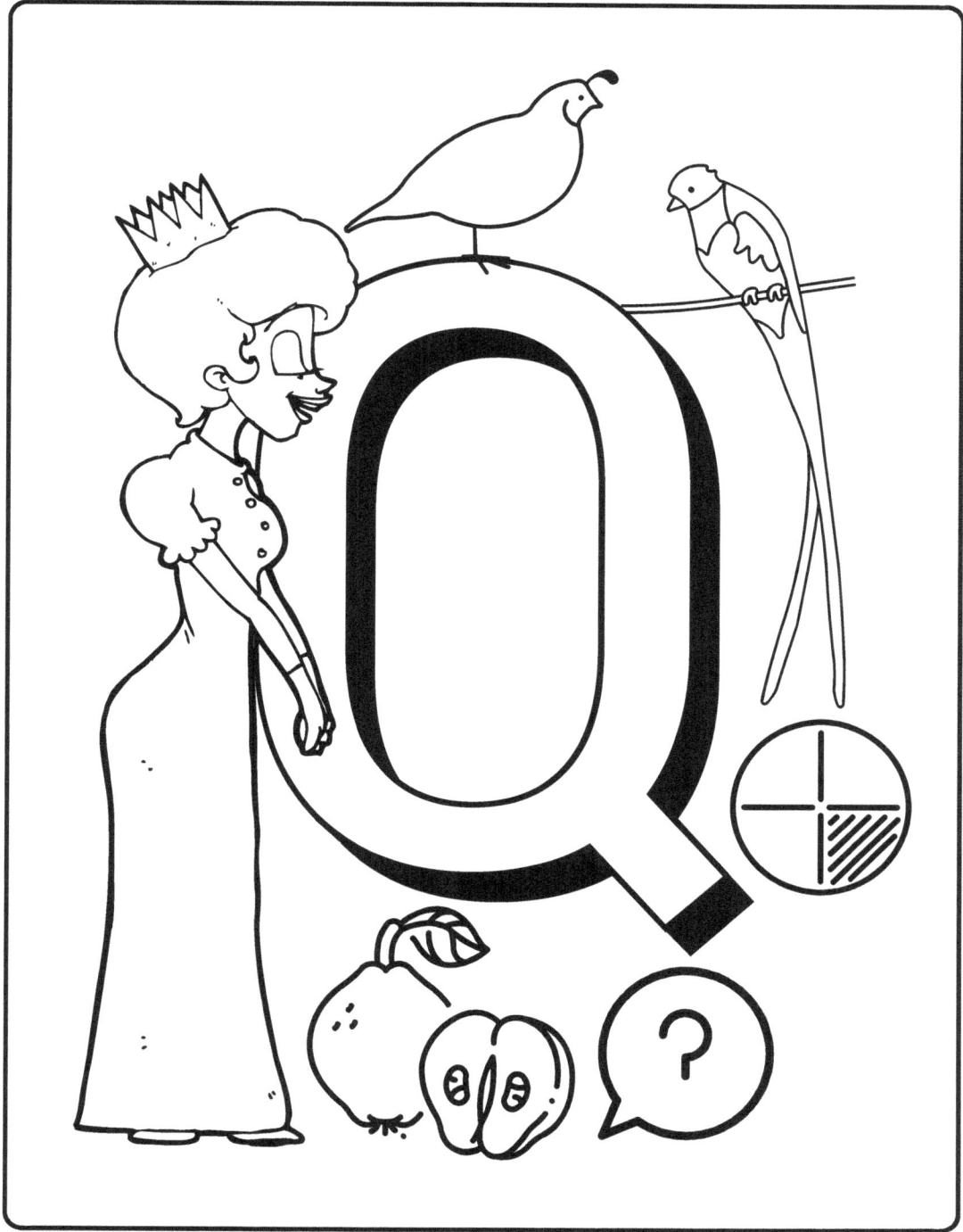

Rr

Receptionist

The Letter...

R r

R r ___ ___ ___

R r ___ ___ ___

Draw three (3) things that start with R

Color all the letters R, r

(R) (t) (r) (0)

(k) (E) (b) (L)

S s

Scientist

The Letter...

S s

_____ _____

S s

_____ _____

Draw three (3) things that start with S

Color all the letters S, s

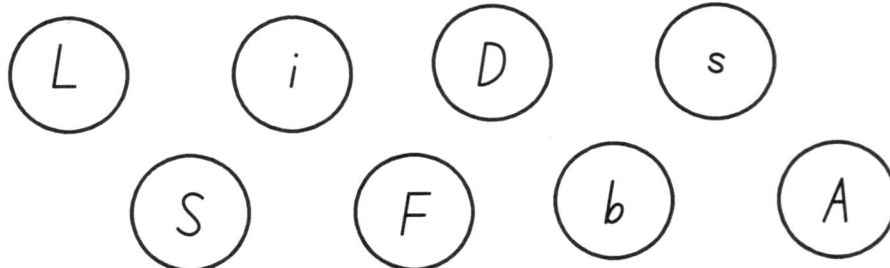

Tt

Teacher

The Letter...

T t

T t

— — —

— —

Draw three (3) things that start with T

Color all the letters T, t

(t) (N) (m) (u)

(m) (T) (y) (Q)

Uu

Umpire

The Letter...

U u _ _ _

U u _ _ _

Draw three (3) things that start with U

Color all the letters U, u

V   N   m   u

m   U   Y   Q

Vv

Veterinarian

The Letter...

V v _ _

V v

Draw three (3) things that start with V

Color all the letters V, v

U   N   W   u

m   V   v   Q

Ww

Writer

The Letter...

W w

W w

_ _ _

_ _ _

Draw three (3) things that start with W

Color all the letters W, w

(W)   (p)   (f)   (v)

(l)   (V)   (w)   (d)

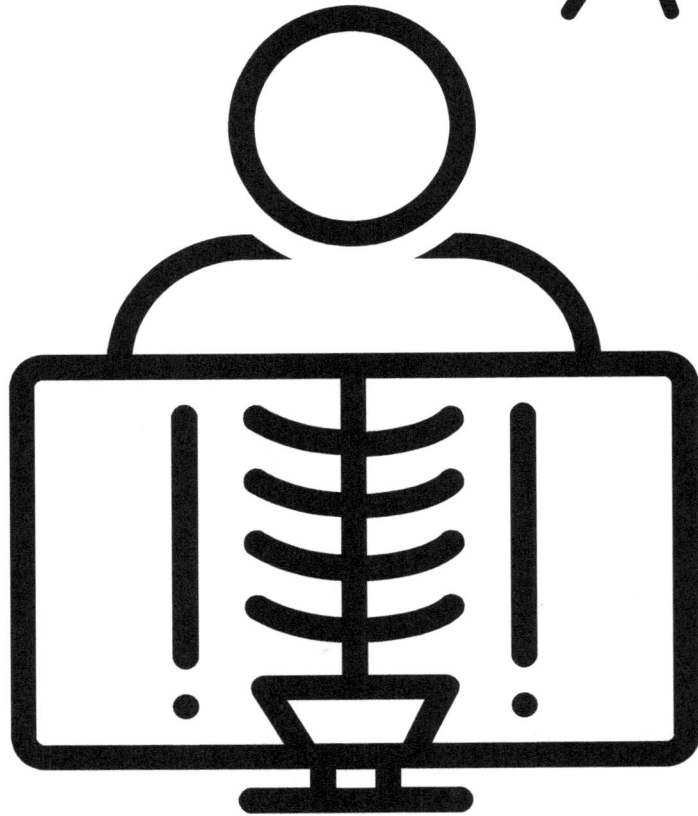

Xx

X-ray Technician

The Letter...

X   x

X   x

___ ___

___ ___

Draw three (3) things that start with X

Color all the letters X, x

(X)   (p)   (z)   (B)

(x)   (t)   (w)   (r)

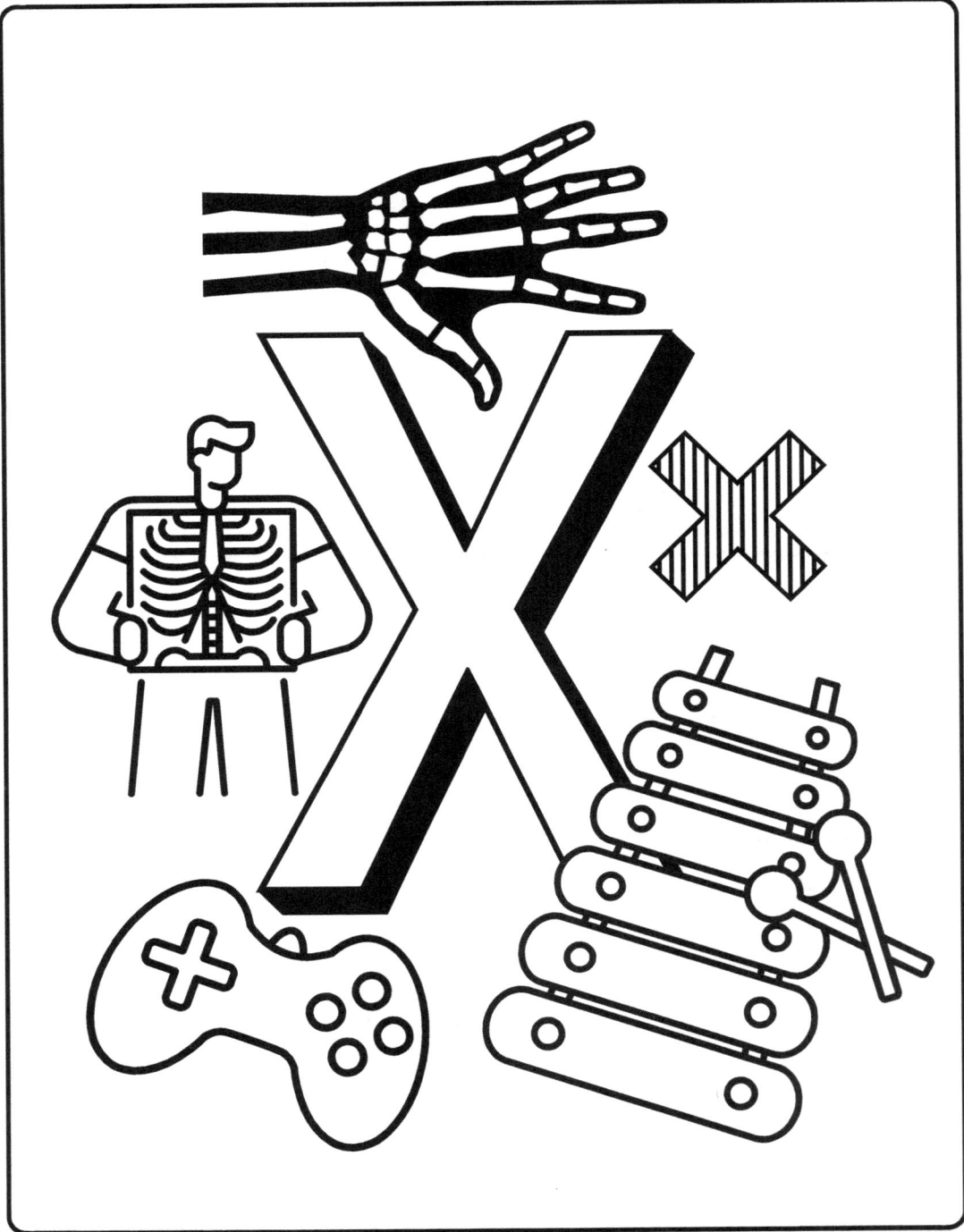

Yy

Yoga Instructor

The Letter...

Y y __ __ __

Y y __ __ __

Draw three (3) things that start with Y

Color all the letters Y, y

d   W   y   Y

f   v   u   y

YOGURT

Zz

Zookeeper

The Letter...

Z z _ _

Z z _ _

Draw three (3) things that start with Z

Color all the letters Z, z

(S) (z) (2) (S)

(q) (K) (Z) (y)

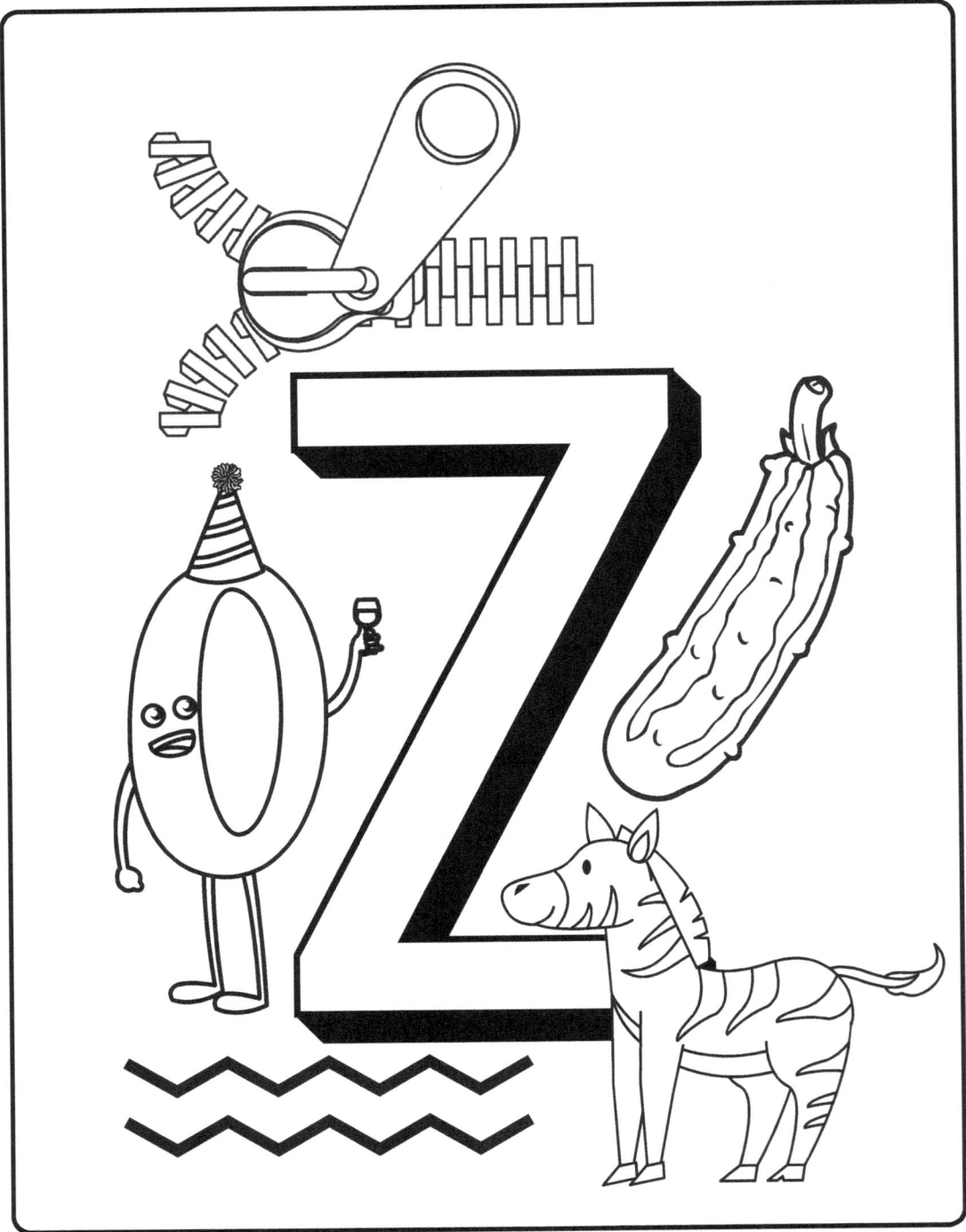

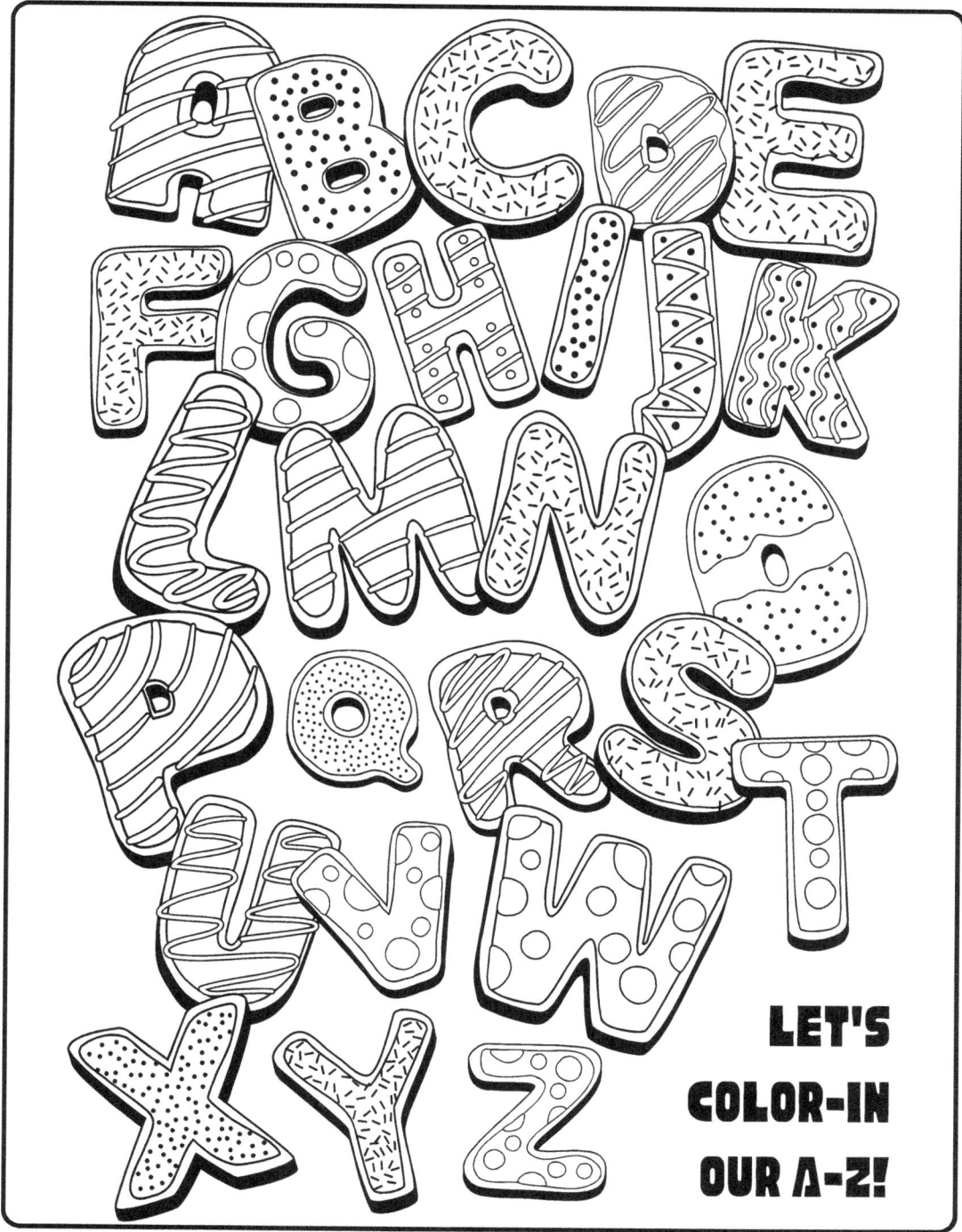

LET'S
COLOR-IN
OUR A-Z!

"Whatever you decide to do,
make sure it makes you happy."

PAULO COELHO

www.ingramcontent.com/pod-product-compliance
Lightning Source LLC
Chambersburg PA
CBHW081151040426

42445CB00015B/1834